Matthias Fiedler

Idei inovatoare de matching imobiliar: Intermedierea imobiliară pe înțelesul tuturor

Matching imobiliar: Intermedierea imobiliară eficientă, simplă și profesională prin intermediul unui portal inovator de matching imobiliar

Casetă redacțională

Prima ediție de carte tipărită | Februarie 2017
(Publicată inițial în germană, decembrie 2016)

© 2016 Matthias Fiedler

Matthias Fiedler
Erika-von-Brockdorff-Str. 19
41352 Korschenbroich
Germania
www.matthiasfiedler.net

Producție și tipărire:
A se vedea ediția pe ultima pagină

Design copertă: Matthias Fiedler
Crearea cărților electronice: Matthias Fiedler

ISBN-13 (Carte broșată): 978-3-947082-33-9
ISBN-13 (Carte electronică mobil): 978-3-947082-34-6
ISBN-13 (Carte electronică tip EPUB): 978-3-947082-35-3

Fișa bibliografică a Bibliotecii Naționale a Germaniei: Biblioteca națională germană înregistrează această publicație în bibliografia națională germană. Datele bibliografice detaliate sunt disponibile pe internet la http://dnb.d-nb.de.

REZUMAT

În această carte, este prezentat un concept revoluționar pentru un portal mondial de matching imobiliar (aplicație), împreună cu calcularea potențialului considerabil de vânzări (miliarde de euro), integrat într-un software de intermediere imobiliară care include și evaluare imobiliară (profit potențial de bilioane de euro).

Aceasta înseamnă că imobiliarele cu locuințe și sedii comerciale, indiferent că sunt utilizate sau închiriate, pot fi comunicate eficient și într-o manieră care economisește timp. Este viitorul agenției imobiliare inovatoare și profesionale pentru toți agenții imobiliari și pentru toți proprietarii de bunuri imobiliare. Matching-ul imobiliar funcționează în aproape toate țările și chiar pe întregile lor teritorii.

În locul „purtării" proprietăților la cumpărător sau chiriaș, persoanele interesate de bunuri imobiliare sunt clasificate (după profilul de căutare) în portalul de matching imobiliar şi legate cu proprietăți de intermediat de către agenţii imobiliari.

CUPRINS

CUVÂNT ÎNAINTE

În anul 2011, am conceput şi dezvoltat această idee inovatoare de matching imobiliar.

Din 1988, activez în sectorul imobiliar (incluzând cumpărări şi vânzări imobiliare, evaluare, închiriere şi dezvoltare imobiliară) Sunt expert imobiliar (IHK), economist imobiliar (ADI), evaluator imobiliar (DEKRA), precum şi membru al asociaţiei imobiliare recunoscute la nivel internaţional al Royal Institution of Charters Surveyors (MRICS).

Matthias Fiedler
Korschenbroich, 31.10.2016
www.matthiasfiedler.net

1. Idei inovatoare de matching imobiliar: Intermedierea imobiliară pe înțelesul tuturor

Matching imobiliar Intermedierea imobiliară eficientă, simplă și profesională prin intermediul unui portal inovator de matching imobiliar

În locul „purtării" proprietăților la cumpărător sau chiriaș, persoanele interesate de bunuri imobiliare sunt clasificate (după profilul de căutare) în portalul de matching imobiliar (aplicație) și potrivite și legate cu proprietăți de intermediat de către agenții imobiliari.

2. Scopurile persoanelor interesate de imobiliare și ale agenților imobiliari

Din punctul de vedere al vânzătorului și al proprietarului, este important să vândă sau să închirieze rapid și la cel mai mare preț posibil.

Din punctul de vedere al cumpărătorului și al chiriașului, este important să găsească o proprietate conform dorințelor sale și, de asemenea, să închirieze rapid și fără probleme.

3. Abordarea existentă a căutării imobiliare

De regulă, persoanele interesate caută proprietăți în zona dorită în marele portal imobiliar de pe internet. Acolo pot primi prin e-mail ofertele cu proprietățile, respectiv o listă cu link-uri către ele, în cazul în care au creat un mic profil de căutare Aceasta se realizează, de obicei, în cadrul a 2-3 portaluri. Ca urmare, furnizorii sunt, de obicei, contactați prin e-mail. Acest fapt oferă furnizorilor posibilitatea și permisiunea de a lua legătura cu persoanele interesate.

Pe lângă aceasta, persoanele interesate sunt contactate de agenți imobiliari din regiunea dorită, iar profilul de căutare este stocat.

Furnizorii din portalurile imobiliare sunt furnizori particulari și comerciali. Furnizorii comerciali sunt predominant agenți imobiliari și parțial firme de construcții, comercianți imobiliari și alte firme imobiliare (în text, furnizorii imobiliari sunt denumiți agenți imobiliari).

4. Dezavantaj furnizor particular/avantaj agent imobiliar

În cazul cumpărării unei proprietăți, din punctul de vedere al vânzătorului particular nu este întotdeauna garantată o vânzare imediată, deoarece, de exemplu, nu există niciun acord între moștenitori, în cazul unei proprietăți moștenite, sau certificatul de moștenitor lipsește. Mai mult, probleme legale nelămurite, cum ar fi printre altele, un drept de rezidență, poate face ca vânzările să fie mult mai dificile.

În cazul proprietăților închiriate, este posibil ca proprietarii particulari să nu fi obținut autorizații oficiale, de exemplu, dacă o proprietate comercială (apartament) trebuie să fie închiriat ca locuință.

Când un agent imobiliar acționează ca furnizor, de obicei, el a clarificat deja aspectele respective. Pe lângă aceasta, toate documentele de proprietate relevante (planul etajului, planul locului, certificatul de eficiență energetică, cartea funciară, documentele oficiale etc.) sunt adesea disponibile. Așadar, este posibilă realizarea vânzării sau închirierii, rapid și fără complicații.

5. Matching imobiliar

Pentru a obține o potrivire rapidă și eficientă între potențialul cumpărător și vânzător, în general, este importantă oferirea unei abordări sistematice și profesionale.

Aceasta se realizează prin intermediul unei abordări sau proceduri diferite pentru căutare și găsire, între agenții imobiliari și potențialii cumpărători. Cu alte cuvinte, în locul „purtării" proprietăților la cumpărător sau chiriaș, persoanele interesate de bunuri imobiliare sunt clasificate (după profilul de căutare) în portalul de matching imobiliar (aplicație) și potrivite și legate cu proprietăți de intermediat de către agenții imobiliari.

La primul pas, persoanele interesate introduc un profil de căutare concret în portalul de matching imobiliar. Acest profil de căutare conține aproximativ 20 de caracteristici. Printre altele, următoarele caracteristici (lista nu este exhaustivă) sunt esențiale pentru profilul de căutare.

- Regiune/cod poștal/oraș
- Tip proprietate
- Dimensiune proprietate
- Suprafață locuibilă
- Preț vânzare/închiriere
- Anul construcției
- Etaj
- Număr de camere
- Închiriat (da/nu)
- Beci (da/nu)
- Balcon/terasă (da/nu)
- Tip încălzire
- Loc de parcare (da/nu)

Este important să nu introduceți caracteristicile la întâmplare, ci dând clic pe sau deschizând câmpul respectivei caracteristici (de exemplu, proprietate) dintr-o listă de posibilități/opțiuni prestabilite (de exemplu, pentru tip proprietate: apartament, casă, depozit, birou...)

Opțional, și alte profiluri de căutare pot fi create de către persoanele interesate. O modificare a profilului de căutare este, de asemenea, posibilă.

Pe lângă aceasta, datele de contact complete sunt introduse în câmpurile date de către părțile interesate. Acestea sunt numele, prenumele, strada, numărul, codul poștal, orașul, telefonul și adresa de e-mail.

În acest context, părțile interesate își dau acordul pentru a fi contactate și pentru a li se trimite proprietăți potrivite (prezentări) din partea agenților imobiliari.

În plus, clienții potențiali încheie un contract cu operatorul portalului de matching imobiliar.

La pasul următor, profilurile de căutare sunt disponibile prin intermediul unei API (Application Programming Interface) - comparabilă cu, de exemplu, interfața de programare „openimmo" din Germania - pentru agenții imobiliari conectați, care nu sunt încă vizibili. De remarcat că această interfață - aproape esențială pentru implementare - ar trebui să accepte aproape orice software imobiliar din practică sau să asigure transferul. Dacă nu, acest lucru ar trebui să fie posibil din punct de vedere tehnic. Deoarece există deja interfețe, precum cea mai sus menționată, „openimmo", precum și altele, ar trebui să fie posibil transferul profilurilor de căutare.

Acum, agenții imobiliari își pot compara proprietățile intermediate cu profilurile de căutare. În acest scop, proprietățile sunt importate în portalul de matching imobiliar, iar respectivele caracteristici sunt potrivite și legate.

După aranjare, rezultă o potrivire cu indicarea unui procent de potrivire. De exemplu, dintr-o potrivire de 50%, profilurile de căutare sunt afișate în software-ul imobiliar.

Caracteristicile individuale sunt comparate (sistem de puncte) unele cu altele, astfel încât după potrivirea caracteristicilor, rezultă un procent al potrivirii (probabilitatea potrivirii). De exemplu, caracteristica „tip proprietate" este evaluată mai sus decât cea de „suprafață locuibilă". În plus, anumite caracteristici (de exemplu, beci) pot fi selectate ca aspecte esențiale ale acelei proprietăți.

În cursul potrivirii caracteristicilor, trebuie să se țină cont de acordarea accesului către agenții imobiliari numai către regiunile dorite de ei (rezervate). Aceasta reduce efortul necesar pentru potrivirea datelor. Mai ales că agenții imobiliari respectivi sunt adesea regionali. Este de remarcat că așa-numitul „cloud" face posibilă, în ziua de astăzi, stocarea și procesarea unor cantități foarte mari de date.

Pentru a sigura o intermediere imobiliară profesională, doar agenții imobiliari vor avea acces la profilurile de căutare.

În acest scop, agenții imobiliari încheie un contract cu operatorul portalului de matching imobiliar.

După ce respectivă potrivire este realizată, agenții imobiliari pot lua legătura cu potențialii cumpărători și, invers, potențialii cumpărători pot lua legătura cu agenții imobiliari. Aceasta înseamnă și că, dacă agenții imobiliari au trimis o prezentare persoanei interesate, este documentată dovada activității sau revendicarea agentului imobiliar în ceea ce privește comisionul său de intermediere, în cazul unei vânzări sau închirieri. Aceasta presupune ca agentul imobiliar să fie plătit de către proprietar (vânzător sau proprietar) pentru a intermedia vânzare sau închirierea proprietății sau are permisiunea de a oferi proprietatea spre vânzare sau închiriere.

6. Domenii de aplicare

Matching-ul imobiliar descris aici este aplicabil pentru cumpărarea sau închirierea proprietăților din sectorul rezidențial sau comercial. Pentru proprietățile cu uz comercial sunt necesare caracteristici imobiliare suplimentare.

De partea persoanelor interesate, așa cum se obișnuiește, poate fi și un agent imobiliar, care acționează, de exemplu, în numele unui/unor clienți.

Spațial, portalul de matching imobiliar poate fi transferat în aproape orice țară.

7. Avantaje

Această proprietate oferă mari avantaje pentru clienții potențiali, de exemplu, dacă ei caută o proprietate în regiunea lor (locul de rezidență) sau caută să-și schimbe locul de muncă cu unul dintr-un alt oraș.

Trebuie doar să vă trimiteți profilul de căutare o singură dată și veți primi proprietățile potrivite de la agenți imobiliari care lucrează în regiunea dorită.

Pentru agenții imobiliari, această aplicație oferă avantaje extraordinare în ceea ce privește eficiența și timpul economisit pentru vânzare sau cumpărare.

Veți obține imediat o privire de ansamblu a potențialului de persoane interesate concrete pentru proprietățile oferite. Mia mult, agenții imobiliari se pot adresa în mod direct grupului lor țintă relevant, care au expus idei clare în ceea ce privește proprietatea viselor lor prin crearea unui profil de căutare (inclusiv prin trimiterea prezentărilor proprietăților).

Aceasta mărește numărul de înregistrări ale contactelor cu persoanele care știu ce caută. Aceasta reduce numărul vizitelor ulterioare. Aceasta reduce perioada totală de punere pe piață pentru proprietatea de intermediat.

În urma vizitării de către persoanele interesate a proprietății de intermediat, ca de obicei, are loc încheierea unui contract de cumpărare sau închiriere.

8. Exemplu de calcul (potențial) - numai apartamentele și casele date de proprietari (fără apartamentele și casele, precum și sediile comerciale, închiriate)

Următorul exemplu arată potențialul portalului de matching imobiliar.

Într-o zonă cu 250.000 de locuitori, cum ar fi orașul Mönchengladbach, există un număr statistic rotunjit de 125.000 de gospodării (2 locuitori per gospodărie). Rata medie de mutare este de aproximativ 10%. Așadar, 12.500 de gospodării pe an se mută. Suma mutărilor din și în Mönchengladbach nu a fost luată în considerare. Aproximativ 10.000 de gospodării (80%) caută proprietăți închiriate și aproximativ 2.500 de gospodării (20%) caută proprietăți de cumpărat.

În conformitate cu raportul pieței imobiliare emis de comitetul de evaluare al orașului Mönchengladbach, în anul 2012, au fost efectuate 2.613 cumpărări de proprietăți. Aceasta confirmă numărul de mai sus de 2.500 de cumpărători. Vor fi mai multe, deoarece, de exemplu, nu toate persoanele interesate și-au găsit proprietatea dorită. Se estimează că numărul de persoane interesate reale sau numărul de profiluri de căutare va fi de două ori mai mare decât rata medie de mutare, de aproximativ 10%, adică 25.000 de profiluri de căutare. Aceasta include, printre altele, faptul că persoanele interesate au creat mai multe profiluri de căutare în portalul de matching imobiliar.

Merită menționat faptul că, în conformitate cu experiența, aproximativ jumătate dintre cumpărători (cumpărători și chiriași) și-au găsit proprietatea prin intermediul unui agent imobiliar, așadar un total de 6.250 de gospodării. Cel puțin 70% din toate gospodăriile au căutat portaluri imobiliare pe internet, așadar un total de 8.750 de gospodării (corespunzând unui număr de 17.500 de profiluri de căutare).

Dacă 30% dintre toate persoanele interesate, adică 3.750 de gospodării (echivalent cu 7.500 de profiluri de căutare) dintr-un oraș precum Mönchengladbach, și-ar crea profilurile de căutare într-o aplicație portal de matching imobiliar, agenții imobiliari conectați și-ar putea oferi proprietățile potrivite prin intermediul a 1.500 de profiluri de căutare concrete ale unor persoane interesate de cumpărare (20%) și prin intermediul a 6.000 de profiluri de căutare concrete ale unor persoane interesate de închiriere (80%), pe an.

Aceasta înseamnă că, având o perioadă medie de căutare de 10 luni și un preț de exemplificare de 50 de euro pe lună pentru fiecare profil creat de potențialii clienți, potențialul vânzărilor pentru 7.500 de profiluri de căutare create ajunge la 3.750.000 EUR pe an, într-un oraș cu 250.000 de locuitori.

Extrapolând la nivelul Republicii Federale a Germaniei, cu un număr rotunjit de 80.000.000 de locuitori (80 de milioane), aceasta duce la un potențial de vânzări de 1.200.000.000 de EUR (1.2 miliarde) pe an. Dacă, în loc de 30% din persoanele interesate, 40% din toți clienții potențiali își caută proprietăți prin intermediul portalului de matching imobiliar, potențialul de vânzări crește la 1.600.000.000 EUR (1.6 miliarde) pe an.

Acest profit potențial se referă doar la apartamentele și casele date de proprietari. Proprietățile închiriate și/sau cele pentru profit din sectorul imobiliar rezidențial și din întregul sector imobiliar comercial nu sunt incluse în acest calcul potențial.

În cazul unui număr de aproximativ 50.000 de firme din Germania din domeniul intermedierii imobiliare (inclusiv firmele de construcții implicate, comercianții imobiliari și alte firme imobiliare), cu aproximativ 200.000 de angajați și cu o proporție-exemplu de 20% dintre aceste 50.000 de companii care utilizează acest portal de matching imobiliar, cu o medie de 2 licențe de utilizare a portalului, potențialul vânzărilor este de 72.000.000 EUR (72 milioane EUR) pe an, la un preț-exemplu de 300 EUR pe lună per licență. Pe lângă aceasta, ar trebui efectuată o rezervare regională pentru profilurile de căutare, astfel încât poate fi adăugat un profit suplimentar considerabil, în funcție de concept.

Datorită acestui potențial uriaș, agenții imobiliari nu vor mai trebui să își actualizeze propriile lor baze de date de persoane interesate cu persoane interesate cu profiluri de căutare concrete - dacă ele există. În special pentru că acest număr actual de profiluri de căutare cel mai probabil va depăși numărul de profiluri de căutare create de mai mulți agenți imobiliari în bazele lor de date.

Dacă acest portal de matching imobiliar va fi utilizat în câteva țări, de exemplu, cumpărători din Germania și-ar putea crea profiluri de căutare pentru apartamente de vacanță în insula mediteraneeană Mallorca (Spania), iar agenții imobiliari conectați la Mallorca ar putea prezenta apartamentul potrivit potențialilor lor clienți germani, prin e-mail. Dacă prezentările trimise sunt scrise în spaniolă, în ziua de astăzi, persoanele interesate pot traduce textul în germană, cu ajutorul programelor de traducere, în cel mai scurt timp.

Pentru a putea realiza potrivirea profilurilor de căutare cu proprietățile de intermediat, caracteristicile corespondente pot fi potrivite pe baza caracteristicilor programate (matematic) - independent de limbă - în cadrul portalului de matching imobiliar, apoi este alocată limba corespondentă.

La utilizarea portalului de matching imobiliar pe toate continentele, potențialul de vânzări menționat (doar persoane interesate de căutare) va fi reprezentat de un simplu calcul, după cum urmează:

Populația lumii:
7.500.000.000 (7,5 mlrd.) locuitori

1. Populația din țările industrializate și din țările cele mai industrializate:

2.000.000.000 (2,0 mlrd.) locuitori

2. Populația piețelor emergente:

4.000.000.000 (4,0 mlrd.) locuitori

3. Populația țărilor în curs de dezvoltare:

1.500.000.000 (1,5 mlrd.) locuitori

Profitul anual al Republicii Federale Germania în sumă de 1,2 miliarde cu 80 de milioane de locuitori este convertită la țările industrializate, țări cu economii în curs de tranziție și țări în curs de dezvoltare prin următoarea extrapolare:

1. Țări industriale: 1,0

2. Țări cu economii în tranziție: 0,4

3. Țări în curs de dezvoltare: 0,1

Aceasta duce la profitul potențial anual următor (1,2 miliarde EUR x populația - industrializate, în tranziție sau în dezvoltare) / 80 milioane locuitori x factor).

1. Țări industriale: 30,00 miliarde EUR

2. Țări cu economii în tranziție: 24,00 miliarde EUR

3. Țări în curs de dezvoltare: 2,25 miliarde EUR

Total: **56,25 miliarde EUR**

9. Concluzie

Acest portal de matching imobiliar prezentat oferă avantaje semnificative pentru persoanele care caută (persoane interesate) și agenții imobiliari.

1. Persoanele interesate reduc semnificativ timpul de căutare a proprietăților potrivite, deoarece potențialii clienți își creează profilul de căutare o singură dată.

2. Agenții imobiliari primesc o vedere de ansamblu a numărului de persoane interesate cu dorințe specifice deja (profiluri de căutare).

3. Părțile interesate primesc doar proprietatea dorită sau potrivită (în conformitate cu profilul de căutare) prezentate de agenți imobiliari (o preselectare aproape automată).

4. Agenții imobiliari își reduc efortul de a-și întreține propria bază de date pentru profiluri de căutare, deoarece un număr mare de profiluri de căutare curente este în permanență disponibil.

5. Deoarece doar furnizorii comerciali/agenții imobiliari sunt conectați la portalul de matching imobiliar, clienții potențiali trebuie să discute cu profesioniști și cu agenți imobiliari cu experiență.

6. Agenții imobiliari reduc numărul vizitelor și durata vânzării. Și se reduce și numărul vizitelor pentru persoanele interesate, precum și timpul scurs până la încheierea contractului de vânzare sau închiriere.

7. Posesorii proprietăților de vândut sau închiriat economisesc și ei timp. Mai mult, o rată mai mică de proprietăți vacante pentru închiriere și o plată mai rapidă a

prețului de vânzare, în cazul cumpărării proprietății, prin intermediul unei vânzări sau închirieri mai rapide, reprezintă, de asemenea, un avantaj financiar.

Prin realizarea sau implementarea acestei idei de matching imobiliar, poate fi obținut un progres semnificativ în intermedierea imobiliară.

10. Integrarea portalului de matching imobiliar într-un software de intermediere imobiliară, inclusiv evaluare imobiliară

Ca o completare, portalul de matching imobiliar descris aici poate sau ar trebui să fie componenta esențială a unui nou software - ideal, utilizabil la nivel mondial - de intermediere imobiliară. Aceasta înseamnă că agenții imobiliari pot fie utiliza portalul de matching imobiliar pe lângă software-ul de intermediere imobiliară pe care îl utilizează de obicei, fie noul software de intermediere imobiliară care include portalul de matching imobiliar.

Integrând acest portal eficient și inovator de matching imobiliar în propriul său software de intermediere imobiliară, se creează o funcție fundamentală în timp real pentru software-ul de intermediere imobiliară, funcție esențială pentru penetrarea pieței.

Deoarece evaluarea proprietății este întotdeauna o parte esențială a managementului imobiliar, un instrument de evaluare imobiliară trebuie să fie integrat în software-ul de intermediere imobiliară. Evaluarea imobiliară cu programele computerizate relevante poate accesa datele/parametri relevanți ale proprietăților introduse/create de agenții imobiliari, prin corelații. Dacă este necesar, agentul imobiliar suplimentează parametrii regionali care lipsesc prin propria sa experiență privind piața regională.

În plus, software-ul de intermediere imobiliară trebuie să fie capabil să integreze tururi așa-numite virtuale ale proprietăților de intermediat. Aceasta, de exemplu, poate fi integrată într-o manieră simplificată, în care o aplicație suplimentară este dezvoltată pentru telefonul mobil și/sau tabletă, care, după ce turul virtual s-a încheiat, se integrează automat în software-ul agentului imobiliar.

În cazul în care portalul eficient şi inovator de matching imobiliar este integrat într-un nou software de intermediere şi evaluare imobiliară, potenţialul vânzărilor, din nou, se măreşte semnificativ.

Matthias Fiedler

Korschenbroich, 31.10.2016

Matthias Fiedler

Erika-von-Brockdorff-Str. 19

41352 Korschenbroich

Germania

www.matthiasfiedler.net